بِسْمِ اللَّهِ الرَّحْمَٰنِ الرَّحِيمِ

Bismi Allahi Ar-Rahmani Ar-Rahimee

Im Namen Allahs, des Allerbarmers, des Barmherzigen

Dieses Buch gehört

99 Namen Allahs

Die 99 Namen ALLAHs heißen in Wirklichkeit die "schönsten Namen". Die Beschränkung auf 99 hat sich historisch entwickelt und geht auf einige im Heiligen Qur'an erwähnte Namen zurück.

Die Bezeichnung "schönste Namen" geht auf den Verse 7:180 zurück, in dem es heißt: "Und ALLAH hat die schönsten Namen, so benennt Ihn damit." Auch in einer Überlieferung heißt es, dass ALLAH 99 Namen habe, und derjenige, der sie verinnerliche, ins Paradies [dschanna] komme. Der Gedanke der Einheit [tauhid] führt allerdings zu dem Schluss, dass jeder Name in seiner Vollkommenheit die gleiche Bedeutung hat, wie der andere Name und nur die menschliche Begrenztheit Unterschiede erkennt. Orientalisten haben versucht die Namen in Kategorien einzuordnen, was allerdings dem Einheitsgedanken widerspricht. Von den 99 Namen ALLAHs stehen 84 wörtlich im Heiligen Quran und werden insgesamt 1.286 Mal erwähnt.

Manche nutzen die 99 Namen, um sie am Lobpreisungskranz [tasbih] mit seinen 99 bzw. 33 Gliedern als Lobpreisung zu rezitieren.

Da die 99 Namen ALLAHs unterschiedlich übersetzt werden können, sind diese in folgender Liste angegeben.

Liste der 99 Namen Allahs

#	Arabisch	Transkription	Bedeutung
1	الرَّحْمَنُ	AR-RAHMAAN	Der Gnädige
2	الرَّحِيمُ	AR-RAHEEM	Der Barmherzige
3	الْمَلِكُ	AL-MALIK	Der König
4	الْقُدُّوسُ	AL-QUDDUS	Der Heilige
5	السَّلاَمُ	AS-SALAM	Der Friede
6	الْمُؤْمِنُ	AL-MU'MIN	Der Überzeugte
7	الْمُهَيْمِنُ	AL-MUHAYMIN	Der Beschützer
8	الْعَزِيزُ	AL-AZIZ	Der Allmächtige
9	الْجَبَّارُ	AL-JABBAR	Der Kräftige
10	الْمُتَكَبِّرُ	AL-MUTAKABBIR	Der Stolze
11	الْخَالِقُ	AL-KHAALIQ	Der Schöpfer
12	الْبَارِئُ	AL-BAARI	Der Schaffende
13	الْمُصَوِّرُ	AL-MUSAWWIR	Der Gestalter
14	الْغَفَّارُ	AL-GHAFFAR	Der Vergebende
15	الْقَهَّارُ	AL-QAHHAR	Der Unterwerfer
16	الْوَهَّابُ	AL-WAHHAAB	Der Geber
17	الرَّزَّاقُ	AR-RAZZAAQ	Der Versorger
18	الْفَتَّاحُ	AL-FATTAAH	Der Öffnende
19	اَلْعَلِيْمُ	AL-'ALEEM	Der Allwissende

20	الْقَابِضُ	AL-QAABID	Der Zügelnde
21	الْبَاسِطُ	AL-BAASIT	Der Gewährende
22	الْخَافِضُ	AL-KHAAFIDH	Der Herabsetzende
23	الرَّافِعُ	AR-RAAFI'	Der Erhebende
24	الْمُعِزُّ	AL-MU'IZZ	Der Ehrende
25	ٱلْمُذِلُّ	AL-MUZIL	Der Entehrende
26	السَّمِيعُ	AS-SAMEE'	Der Hörende
27	الْبَصِيرُ	AL-BASEER	Der Allsehende
28	الْحَكَمُ	AL-HAKAM	Der Richter
29	الْعَدْلُ	AL-'ADL	Der Gerechte
30	اللَّطِيفُ	AL-LATEEF	Der Edle, der Anmutige
31	الْخَبِيرُ	AL-KHABEER	Der Bewusste
32	الْحَلِيمُ	AL-HALEEM	Der Zurückhaltende
33	الْعَظِيمُ	AL-'AZEEM	Der Großartige
34	الْغَفُور	AL-GHAFOOR	Der Vergebende
35	الشَّكُورُ	ASH-SHAKOOR	Der Dankbare
36	الْعَلِيُّ	AL-'ALEE	Der Hohe
37	الْكَبِيرُ	AL-KABEER	Der Große
38	الْحَفِيظُ	AL-HAFEEDH	Der Erhalter
39	المُقيِت	AL-MUQEET	Der Ernährer

40	الْحَسِيبُ	AL-HASEEB	Der Abrechnende
41	الْجَلِيلُ	AL-JALEEL	Der Majestätische
42	الْكَرِيمُ	AL-KAREEM	Der Gütige
43	الرَّقِيبُ	AR-RAQEEB	Der Beobachtende
44	ٱلْمُجِيبُ	AL-MUJEEB	Der Verantwortliche
45	الْوَاسِعُ	AL-WAASI'	Der Allumfassende
46	الْحَكِيمُ	AL-HAKEEM	Der Weise
47	الْوَدُودُ	AL-WADUD	Der Liebende
48	الْمَجِيدُ	AL-MAJEED	Der Ruhmreiche
49	الْبَاعِثُ	AL-BA'ITH	Der Erweckende
50	الشَّهِيدُ	ASH-SHAHEED	Der Zeuge
51	الْحَقُ	AL-HAQQ	Die Wahrheit
52	الْوَكِيلُ	AL-WAKEEL	Der Vertrauenswürdige
53	الْقَوِيُ	AL-QAWIYY	Der Starke
54	الْمَتِينُ	AL-MATEEN	Der Feste
55	الْوَلِيُّ	AL-WALIYY	Der beschützende
56	الْحَمِيدُ	AL-HAMEED	Der Lobenswerte
57	الْمُحْصِي	AL-MUHSEE	Der Aufzeichnende
58	الْمُبْدِئُ	AL-MUBDI	Der Hervorbringend
59	ٱلْمُعِيدُ	AL-MUEED	Der Wiedererweckende

60	الْمُحْيِي	AL-MUHYI	Der Lebenspendende
61	اَلْمُمِيتُ	AL-MUMEET	Der Verursacher des Todes
62	الْحَيُّ	AL-HAYY	Der Lebendige
63	الْقَيُّومُ	AL-QAYYOOM	Der Ewige
64	الْوَاجِدُ	AL-WAAJID	Der Glanzvolle
65	الْمَاجِدُ	AL-MAAJID	Der Ruhmreiche
66	الْواحِدُ	AL-WAAHID	Der Eine
67	اَلاَحَدُ	AL-AHAD	Der Einzige
68	الصَّمَدُ	AS-SAMAD	Die ewige Hilfe für die Schöpfung
69	الْقَادِرُ	AL-QADEER	Der Fähige
70	الْمُقْتَدِرُ	AL-MUQTADIR	Der alles Bestimmende
71	الْمُقَدِّمُ	AL-MUQADDIM	Der Voranstellende
72	الْمُؤَخِّرُ	AL-MU'AKHKHIR	Der Aufschiebende
73	الأوَّلُ	AL-AWWAL	Der Erste
74	الآخِرُ	AL-AAKHIR	Der Letzte
75	الظَّاهِرُ	AZ-ZAAHIR	Der Manifeste
76	الْبَاطِنُ	AL-BAATIN	Der Verborgene
77	الْوَالِي	AL-WAALI	Der Regent
78	الْمُتَعَالِي	AL-MUTA'ALI	Der Erhabene
79	الْبَرُّ	AL-BARR	Der Rechtschaffene

80	التَّوَابُ	AT-TAWWAB	Der Mildernde
81	الْمُنْتَقِمُ	AL-MUNTAQIM	Der Vergelter
82	العَفُوُ	AL-'AFUWW	Der Vergeber der Sünden
83	الرَّؤُوفُ	AR-RA'OOF	Der Mitleidsvolle
84	مَالِكُ ٱلْمُلْكُ	MAALIK-UL-MULK	Der Inhaber der Souveränität
85	ذُوالْجَلاَلِ وَالإكْرَامِ	DHUL-JALAALI WAL-IKRAAM	Der Herr der Majestät und der Ehre
86	الْمُقْسِطُ	AL-MUQSIT	Der unparteiisch Richtende
87	الْجَامِعُ	AL-JAAMI'	Der Sammler
88	ٱلْغَنيُّ	AL-GHANIYY	Der Reiche
89	ٱلْمُغْنِيُّ	AL-MUGHNI	Der Befreiende
90	ٱلْمَانِعُ	AL-MANI'	Der Zurückweisende
91	الضَّارَ	AD-DHARR	Der Schaden Zufügende
92	النَّافِعُ	AN-NAFI'	Der Vorteil Gebende
93	النُّورُ	AN-NUR	Das Licht
94	الْهَادِي	AL-HAADI	Der Führer
95	الْبَدِيعُ	AL-BADEE'	Der Schöpfer
96	اَلْبَاقِي	AL-BAAQI	Der ewig Währende
97	الْوَارِثُ	AL-WAARITH	Der Erbende
98	الرَّشِيدُ	AR-RASHEED	Der Führung Gebende
99	الصَّبُورُ	AS-SABOOR	Der Geduldige

AR-RAHMAAN

(Der Gnädige)

Der Gnädige, der Wohltätige, der Mitleidsvolle, der Allerbarmer.

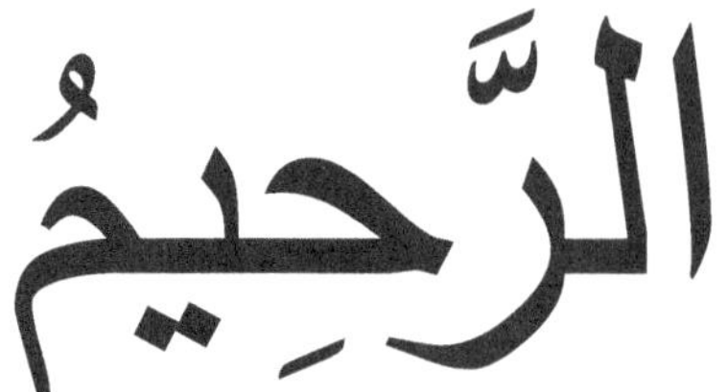

AR-RAHEEM

(Der Barmherzige)

Der Gnadenreiche, der Barmherzige.

الْمَلِكُ

AL-MALIK

(Der König)

Der König, der souveräne Herscherr.

اَلْقُدُّوسُ

AL-QUDDUS

(Der Heilige)

Der Eine, der rein von jeglicher Unvollkommenheit und frei von Kindern und Widersachern ist.

السَّلَامُ

AS-SALAM

(Der Friede)

Der Eine, der frei von jeder Unvollkommenheit ist.

اَلْمُؤْمِنُ

AL-MU'MIN

(Der Überzeugte)

Der Überzeugte, der Sichernde.

AL-MUHAYMIN

(Der Beschützer)

Der Beschützer, der Hüter, der Kontrollierende.

AL-AZIZ

(Der Allmächtige)

Der Erhabene, der Ehrwürdige.

الْجَبَّارُ

AL-JABBAR

(Der Kräftige)

Der Kräftige, der Unterwerfer.

الْمُتَكَبِّرُ

AL-MUTAKABBIR

(Der Stolze)

Der Erhabene, der Großartige, der Stolze.

ٱلْخَالِقُ

AL-KHAALIQ

(Der Schöpfer)

Der Schöpfer.

ٱلْبَارِئُ

AL-BAARI

(Der Schaffende)

Der, der aus dem nichts erschafft, der Verwirklichende.

الْمُصَوِّرُ

AL-MUSAWWIR

(Der Gestalter)

Der Formende (der jedem Ding seine Form Gebende).

الْغَفَّارُ

AL-GHAFFAAR

(Der Vergebende)

Der Verzeiher.

اَلْقَهَّارُ

AL-QAHHAR

(Der Unterwerfer)

Der Unterwerfer, der Allmächtige, der Alles-Bezwinger.

الْوَهَّابُ

AL-WAHHAB

(Der Geber)

Der Geber und Verleiher.

الرَّزَّاقُ

AR-RAZZAQ

(Der Versorger)

Der Erhalter, der Versorger.

اَلْفَتَّاحُ

AL-FATTAH

(Der Öffnende)

Der Öffner, der Befreier.

AL-ALIM

(Der Allwissende)

Der Allwissende, der Wissende.

ٱلْقَابِضُ

AL-QAABID

(Der Zügelnde)

Der Umschließende, der die Gaben nach Seinem Ermessen zurückhält.

AL-BASIT

(Der Gewährende)

Der Mehrer, der Verbreiter, der diese Gaben aber auch ausreichend und großzügig gewährt.

اَلْخَافِضُ

AL-KHAAFID

(Der Herabsetzende)

Der Erniedrigende, der Erniedriger der Hochmütigen und zu Unrecht Stolzen.

AR-RAFI

(Der Erhebende)

Der Erhöhende, der Erhöher der Demütigen und Bescheidenen.

AL-MU'IZZ

(Der Ehrende)

Der Stärkende, der Verleiher von wirklicher Ehre.

الْمُذِلُّ

AL-MUZIL

(Der Entehrende)

Der Demütigende, der Demütiger der Unterdrücker ihrer Mitmenschen.

AS-SAMI'

(Der Hörende)

Der Allhörende, der Hörende.

AL-BASEER

(Der Allsehende)

Der Allsehende, der Wahrnehmende.

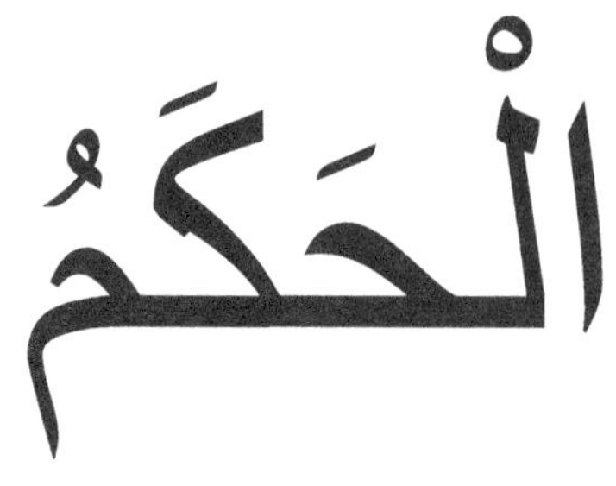

AL-HAKAM

(Der Richter)

Der Richter.

الْعَدْلُ

AL-ADL

(Der Gerechte)

Der Gerechte, der Ausgleichende.

AL-LATEEF

(Der Edle, der Anmutige)

Der das Feinste in allen Dimensionen erfasst, der Feinfühlige, der Gütige.

الْخَبِيرُ

AL-KHABEER

(Der Bewusste)

der Kundige, der um die kleinsten Rechnungen des Herzens Wissende.

AL-HALEEM

(Der Zurückhaltende)

Der Nachsichtige, der Mitfühlende.

AL-AZEEM

(Der Großartige)

Der Großartige, der Erhabene.

ٱلْغَفُورُ

AL-GHAFOOR

(Der Vergebende)

Der immer wieder Verzeihende.

اَلشَّكُورُ

ASH-SHAKUR

(Der Dankbare)

Der Dankbare, der Vergelter des Guten.

الْعَلِيُّ

AL-ALIYY

(Der Hohe)

Der Hohe, der Erhabene.

اَلْكَبِيرُ

AL-KABEER

(Der Große)

Der Größte, Der Große, Der Eine, der größer ist als alles im Status.

AL-HAFIZ

(Der Erhalter)

Der Erhalter, der Beschützer, der Hüter.

الْمُقِيتُ

AL-MUQEET

(Der Ernährer)

Der Ernährer, der Erhalter, der Stärkende.

الْحَسِيبُ

AL-HASEEB

(Der Abrechnende)

Der Berechnende, Derjenige, der die Befriedigung gibt.

Al-Jaleel

(Der Majestätische)

Der Erhabene, Der Wohltätige, Der Eine, dem große Macht und ruhmreicher Status zugeschrieben wird.

ٱلْكَرِيمُ

AL-KARIM

(Der Gütige)

Der Großzügige, der Ehrenvolle.

الرَّقِيبُ

AR-RAQIB

(Der Beobachtende)

Der Beobachtende, der Wächter, der Wachsame.

الْمُجِيبُ

Al-Mujeeb

(Der Verantwortliche)

Der Verantwortliche, der Zuhörende, der Erhörende.

الْوَاسِعُ

AL-WAASI’

(Der Allumfassende)

Der Allumfassende, der Universelle, der Allgegenwärtige.

Al-Hakeem

(Der Weise)

Der Weise, der Richter der Richter, Der Eine, der in Seinem Tun korrekt ist.

الْوَدُودُ

Al-Wadud

(Der Liebende)

Der Liebevolle, der alles mit seiner Liebe Umfassende.

Al-Majeed

(Der Ruhmreiche)

Der Ruhmreiche, der Glorreiche.

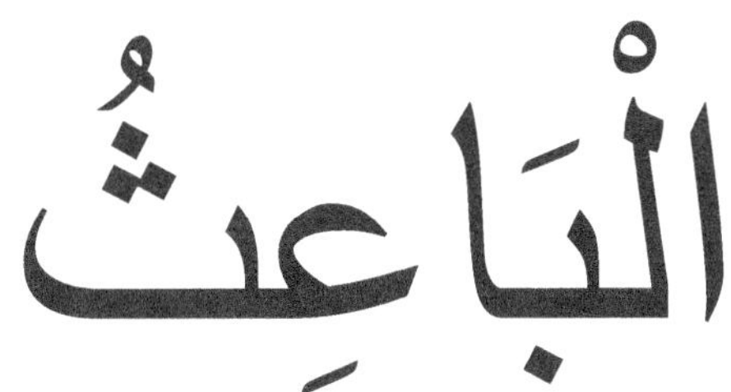

AL-BA'ITH

(Der Erweckende)

Der die Menschen am jüngsten Tag wieder zum Leben erwecken wird.

الشَّهِيدُ

ASH-SHAHEED

(Der Zeuge)

Der Zeuge, Der Eine, dem nichts abgeht.

AL-HAQQ

(Die Wahrheit)

Die Wahrheit, der Wahrhaftige.

اَلْوَكِيلُ

AL-WAKEEL

(Der Vertrauenswürdige)

Der Bevollmächtigte, der Anwalt, der Stellvertreter.

الْقَوِيُّ

AL-QAWIYY

(Der Starke)

Der Starke, der Kraftvolle.

الْمَتِين

AL-MATIN

(Der Feste)

Der Feste, der Dauerhafte, der einzig wirklich Starke.

AL-WALIYY

(Der beschützende)

Der Schutzherr eines jeden, der seinen Schutz und seine Leitung braucht.

الْحَمِيدُ

AL-HAMEED

(Der Lobenswerte)

Der Lobenswerte, der Preisenswerte.

AL-MUHSI

(Der Aufzeichnende)

Der Zähler, der Reckoner, Derjenige, der die Zählung der Dinge kennt, ist ihm bekannt.

AL-MUBDI

(Der Hervorbringend)

Der Beginnende, der Urheber alles Geschaffenen aus dem Nichts.

الْمُعِيدُ

AL-MU'ID

(Der Wiedererweckende)

Der Wiederholende, der alles wieder zum Leben erwecken wird.

اَلْمُحْيِي

AL-MUHYI

(Der Lebenspendende)

Der Beschleuniger, der Lebensspendende.

AL-MUMEET

(Der Verursacher des Todes)

Der Schöpfer des Todes, der Zerstörer, der Eine, der die lebenden Toten macht.

AL-HAYY

(Der Lebendige)

Der ewig Lebende, der Lebendige.

اَلْقَيُّومُ

AL-QAYYUM

(Der Ewige)

Der Ewige, der sich selbst Erhaltende, der Beständige.

اَلْوَاجِدُ

AL-WAJID

(Der Glanzvolle)

der alles Bekommende und Findende.

اَلْمَاجِدُ

AL-MAJID

(Der Ruhmreiche)

Der Ruhmreiche, der Ruhmvolle, der Glorreiche.

الْواحِدُ

AL-WAHID

(Der Eine)

Der Einzigartige, der Einzige.

AL-AHAD

(Der Einzige)

Der Einzige, der Eine.

الصَّمَدُ

AS-SAMAD

(Die ewige Hilfe für die Schöpfung)

der von allem und jedem Unabhängige, der Absolute.

الْقَادِرُ

AL-QADIR

(Der Fähige)

Der Fähige, der Begabte, der Bemessende.

ٱلْمُقْتَدِرُ

AL-MUQTADIR

(Der alles Bestimmende)

Der Vorherrschende, der Mächtige.

اَلْمُقَدِّمُ

AL-MUQADDIM

(Der Voranstellende)

Der Befördere, der Vorwärtsbringer.

اَلْمُؤَخِّرُ

AL-MU'AKHKHIR

(Der Aufschiebende)

Der Verzögerende, der Hindernde, der Verschiebende.

AL-AWWAL

(Der Erste)

Der Erste ohne Beginn.

AL-AKHIR

(Der Letzte)

Der Letzte ohne Ende.

الظَّاهِرُ

AZ-ZAAHIR

(Der Manifeste)

Der Offenbare, auf dessen Existenz alles Geschaffene klar hinweist.

اَلْبَاطِنُ

AL-BAATIN

(Der Verborgene)

der Verborgene, den niemand wirklich begreifen kann.

الْوَالِي

AL-WAALI

(Der Regent)

Der Regent, der Schutzherr, der einzige und absolute Herrscher.

الْمُتَعَالِي

AL-MUTA'ALI

(Der Erhabene)

Der Erhabene, der Reine, der Hohe.

AL-BARR

(Der Rechtschaffene)

Der Rechtschaffene, der Gute.

ٱلتَّوَّابُ

AT-TAWWAB

(Der Mildernde)

Der, der die Reue entgegennimmt, der die Reue seiner Diener Annehmende.

ٱلْمُنْتَقِمُ

AL-MUNTAQIM

(Der Vergelter)

Der gerechte Vergelter.

الْعَفُوُّ

AL-AFUW

(Der Vergeber der Sünden)

Der Vergebende, der Entgegenkommende, der Milde.

الرَّؤُوفُ

AR-RA'UF

(Der Mitleidsvolle)

Der Freundlichste, Der Zärtlich Barmherzige,
Der Milde und Mitfühlende.

مَالِكُ الْمُلْكِ

MALIKUL-MULK

(Der Inhaber der Souveränität)

Der Inhaber der (königlichen) Souveränität/Macht.

ذُوالْجَلاَلِ وَالإِكْرَامِ

ZUL JALAALI WAL IKRAM

(Der Herr der Majestät und der Ehre)

Derjenige, dem Majestät und Ehre gebühren.

AL-MUQSIT

(Der unparteiisch Richtende)

Der für Gerechtigkeit Sorgende, der Unparteiische.

ٱلْجَامِعُ

AL-JAAMI'

(Der Sammler)

Der Versammelnde, der alle Menschen am jüngsten Tag versammeln wird.

AL-GHANIYY

(Der Reiche)

Der, der sich selbst genug ist, der Reiche, der Unabhängige, der Bedürfnislose.

AL-MUGHNI

(Der Befreiende)

Der Verleiher, der Reichtümer.

AL-MAANI’

(Der Zurückweisende)

Der Zurückhalter, der Schützende.

الضَّار

AD-DARR

(Der Schaden Zufügende)

Der Schaden Zufügende, Der Erzeuger der Not.

النَّافِعُ

AN-NAFI'

(Der Vorteil Gebende)

Der Hilfreiche, der Begünstigende, der Wohltäter.

النُّورُ

AN-NOOR

(Das Licht)

Das Licht, Der Eine, der führt.

الْهَادِي

AL-HAADI

(Der Führer)

Der Führer, der Leitung Gebende.

AL-BADI’

(Der Schöpfer)

Der Schöpfer, der Erfinder, der Unvergleichliche.

اَلْبَاقِي

AL-BAAQI

(Der ewig Währende)

Der ewig Währende, der Dauernde, der Bleibende.

الْوَارِثُ

AL-WAARITH

(Der Erbende)

Der einzige Erbe, denn außer ihm ist nichts beständig.

الرَّشِيدُ

AR-RASHEED

(Der Führung Gebende)

Der Führer zum rechten Weg, der Leiter, der Lenker

الصَّبُورُ

AS-SABUR

(Der Geduldige)

Der Geduldige, der Standhafte

www.ingramcontent.com/pod-product-compliance
Lightning Source LLC
LaVergne TN
LVHW080628160826
845677LV00007B/1477

* 9 7 9 8 3 5 3 3 7 0 5 9 8 *